A história de um relógio

A história de um relógio

Wladisney Lopes da Costa

Ilustrações da escola Oficina de Arte

Copyright © 2012 *by*
FEDERAÇÃO ESPÍRITA BRASILEIRA — FEB

1ª edição – 2ª impressão – 1 mil exemplares – 8/2014

ISBN 978-85-7328-911-4

Todos os direitos reservados. Nenhuma parte desta publicação pode ser reproduzida, armazenada ou transmitida, total ou parcialmente, por quaisquer métodos ou processos, sem autorização do detentor do *copyright*.

FEDERAÇÃO ESPÍRITA BRASILEIRA — FEB
Av. L2 Norte — Q. 603 — Conjunto F (SGAN)
70830-106 — Brasília (DF) — Brasil
www.feblivraria.com.br
editorial@febnet.org.br
+55 61 2101 6198

Pedidos de livros à FEB
Gerência comercial – Rio de Janeiro
Tel.: (21) 3570 8973/ comercialrio@febnet.org.br
Gerência comercial – São Paulo
Tel.: (11) 2372 7033/ comercialsp@febnet.org.br
Livraria – Brasília
Tel.: (61) 2101 6161/ falelivraria@febnet.org.br

Texto revisado conforme o Novo Acordo Ortográfico.

Dados Internacionais de Catalogação na Publicação (CIP)
(Federação Espírita Brasileira - Biblioteca de Obras Raras)

C837h   Costa, Wladisney Lopes da, 1949–

         A história de um relógio / Wladisney Lopes da Costa; [Ilustrações: Gustavo Pedrosa de Brito]. 1. ed. 2. imp. – Brasília: FEB, 2014.

         37 p.; il. color.; 21 cm.

         ISBN 978-85-7328-911-4

         1. Literatura infantil espírita. I. Brito, Gustavo Pedrosa de, 1996–. II. Federação Espírita Brasileira. III. Título.

                                      CDD 028.5
                                      CDU 087.5
                                      CDE 81.00.00

Apresentação

Tenho três netas que são trigêmeas, nascidas em 2005 e que, desde pequenas, me pedem para contar histórias: "Vô, conta uma história". O repertório foi acabando e resolvi começar a inventar.

Um dia, vieram dormir em casa e eu havia acabado de comprar um antigo relógio do início do século XX em forma de oito e, para dar a elas a importância e o valor do tempo em nossas vidas, inventei esta história, que com os vários pedidos em outras ocasiões de "conta de novo" tomou esta versão final.

Acabei presenteando minha filha com o relógio, tanto foi o apego delas acreditando, até hoje, que este é o Relógio Real.

Um abraço,
Wladisney

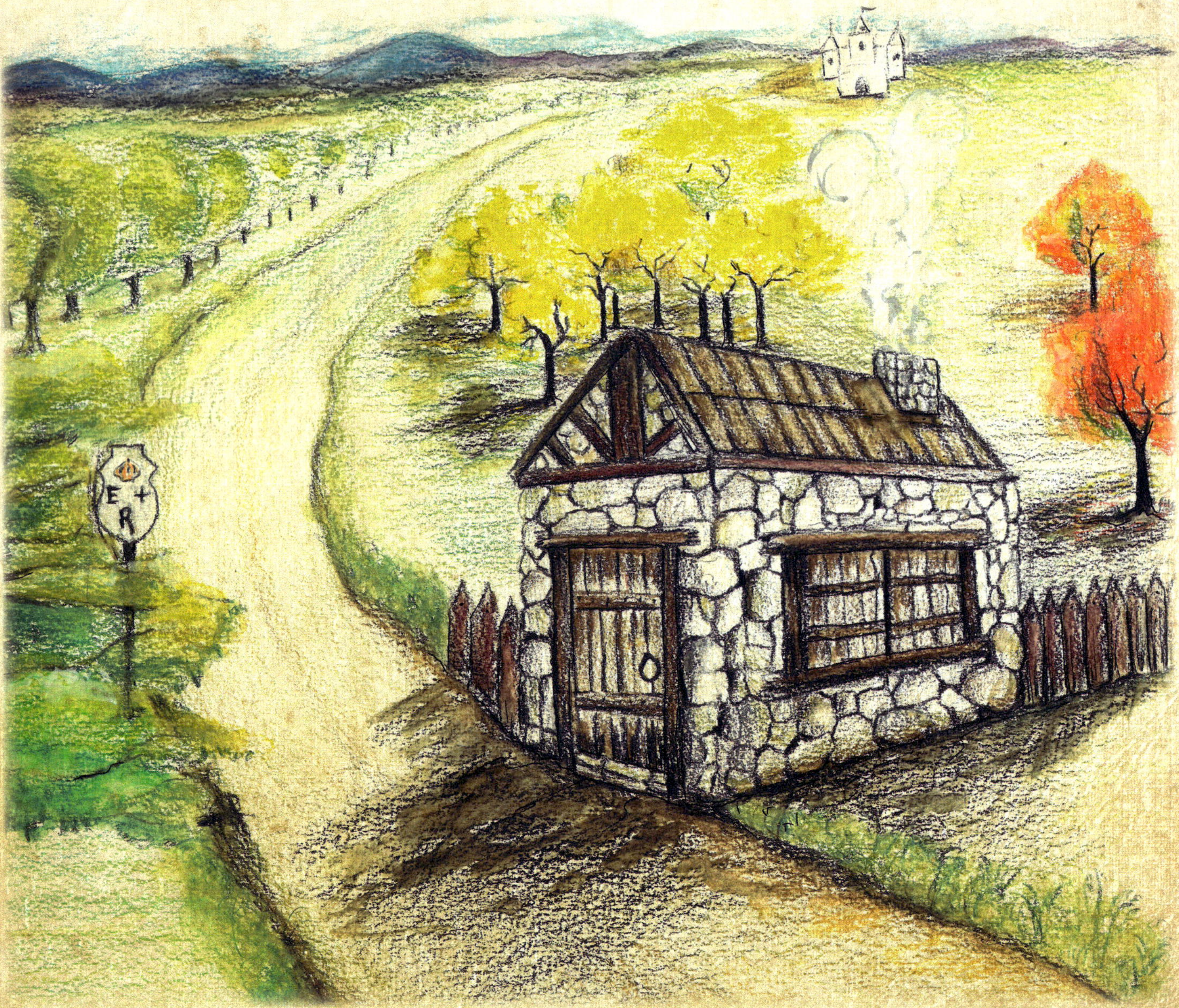

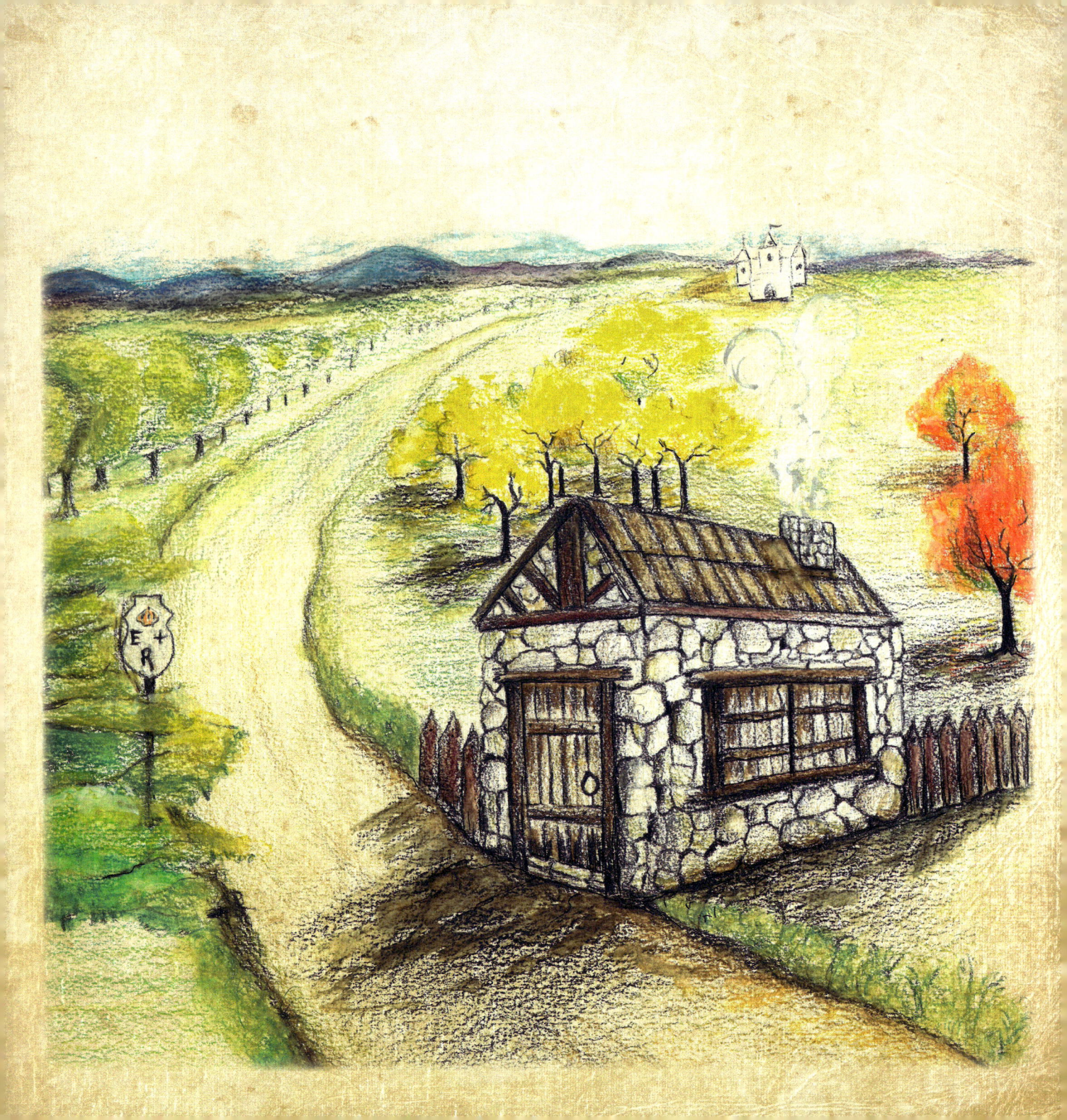

Era uma vez, há muito tempo, mas há tanto tempo, que já se perdeu no próprio tempo, em um reinado muito distante, um homem pobre de nome Pedro, que vivia sozinho em uma pequena casa à beira da Estrada Real.

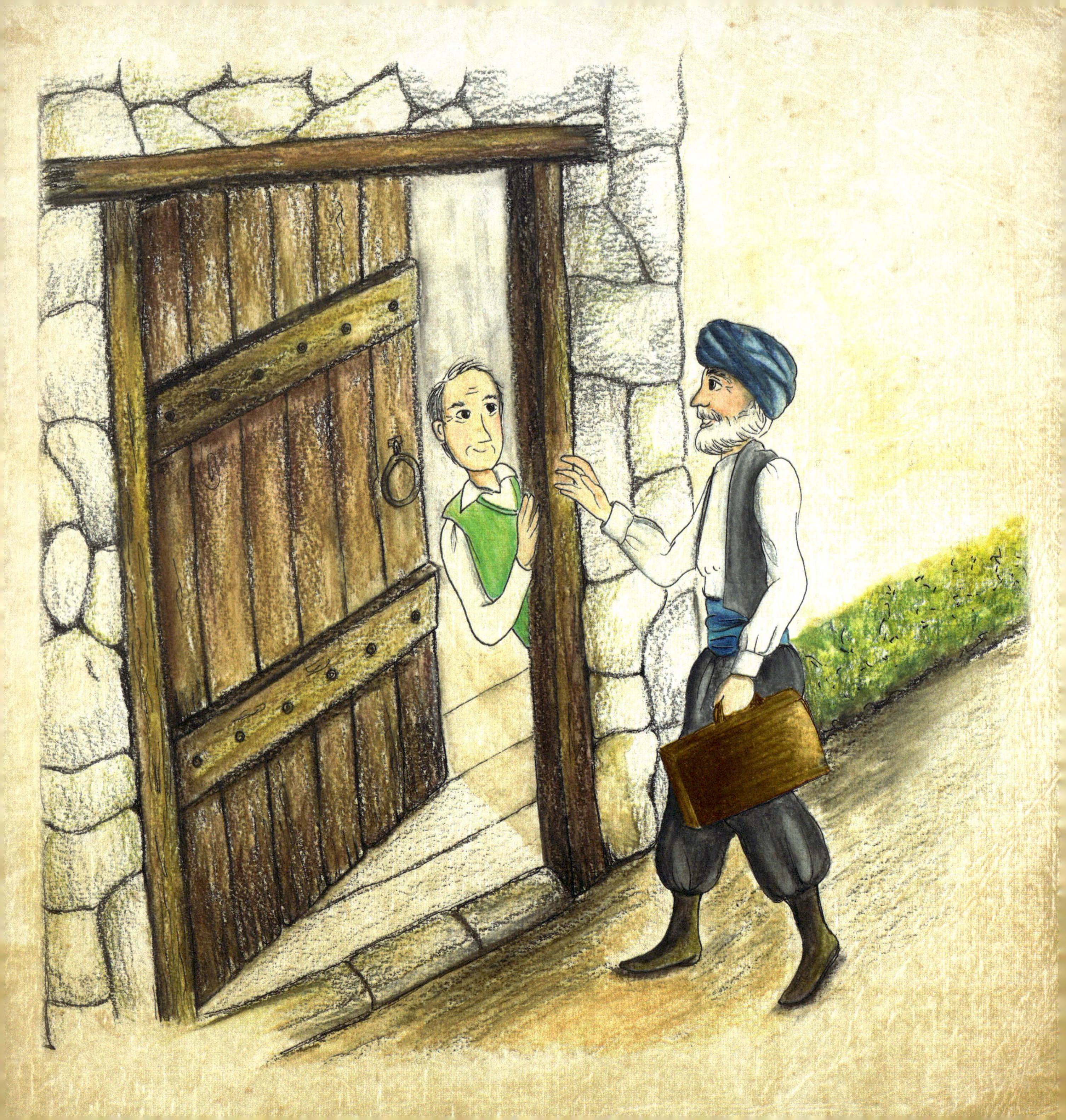

Certa tarde, próximo ao anoitecer, ouviu batidas à porta. Ao abrir, lá estava um homem velho, com um turbante sobre a cabeça e que tinha em sua roupa a poeira do tempo, mostrando que havia caminhado muito. Trazia consigo uma velha mala de couro:

— Venho de muito longe, de terras que não conheces, tenho fome e o cansaço de viajante, preciso de um banho, roupas limpas e um local para dormir. Podes me ajudar?

Pedro lhe respondeu a sorrir:

— Vieste ao lugar certo, amigo! Não tenho ouro nem prata, mas também não sou tão pobre que não possa dividir um pouco do que tenho. Entre, seja bem-vindo!

O viajante entrou, tomou um banho refrescante como há muito não tomava, recebeu roupas limpas e jantou, saboreando as delícias que Pedro lhe oferecera.

Cansado, o viajante se deitou em um canto e dormiu. Dormiu profundamente, como há muito tempo não dormia.

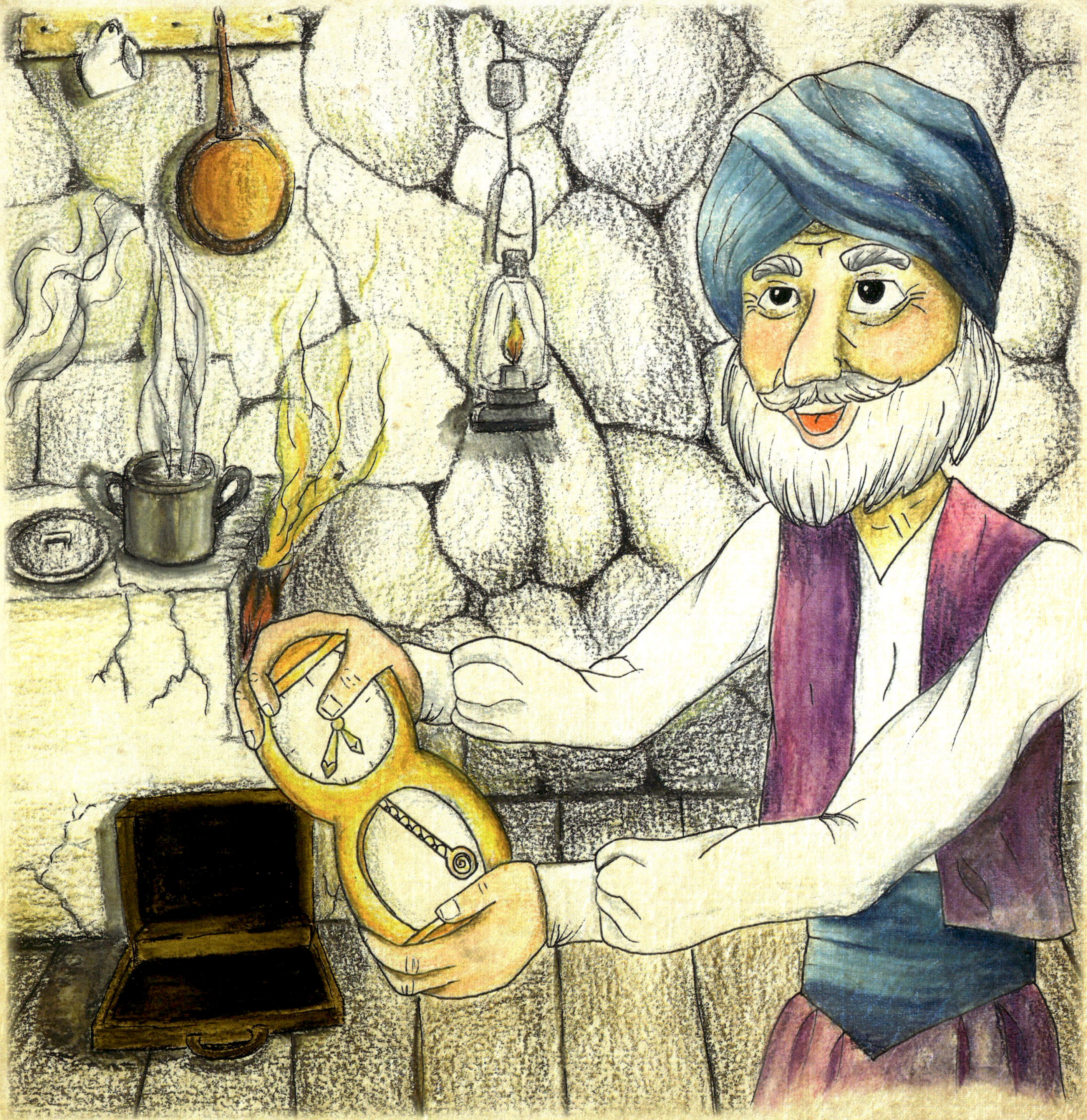

Logo ao amanhecer, despertou com o cheiro do café fumegante, que estava em um pequeno bule sobre o fogão a lenha. Após o café, o viajante puxou, para perto de si, a velha mala de couro, toda empoeirada e, abrindo-a, tirou um estranho objeto em forma de oito e foi logo falando:

— Hoje, aqui, termina uma viagem que há muito tempo começou. Venho buscando uma alma realmente caridosa que possa tomar conta desta máquina, que recebi de um velho sábio de minha terra. Ele me pediu para sair pelo mundo procurando alguém que fosse bastante caridoso, pois só um homem bom poderia entender que os bens mais preciosos que existem não são as coisas materiais, mas sim a vida e o tempo, que passando não para, e não parando nunca volta; por isso ninguém vê. Por este motivo, ele construiu esta máquina em forma de oito que também é a forma do infinito, pois é para onde o tempo caminha sem ter tempo para parar. Esta máquina permite ao homem ver o tempo passar e avaliar o que tem feito com ele.

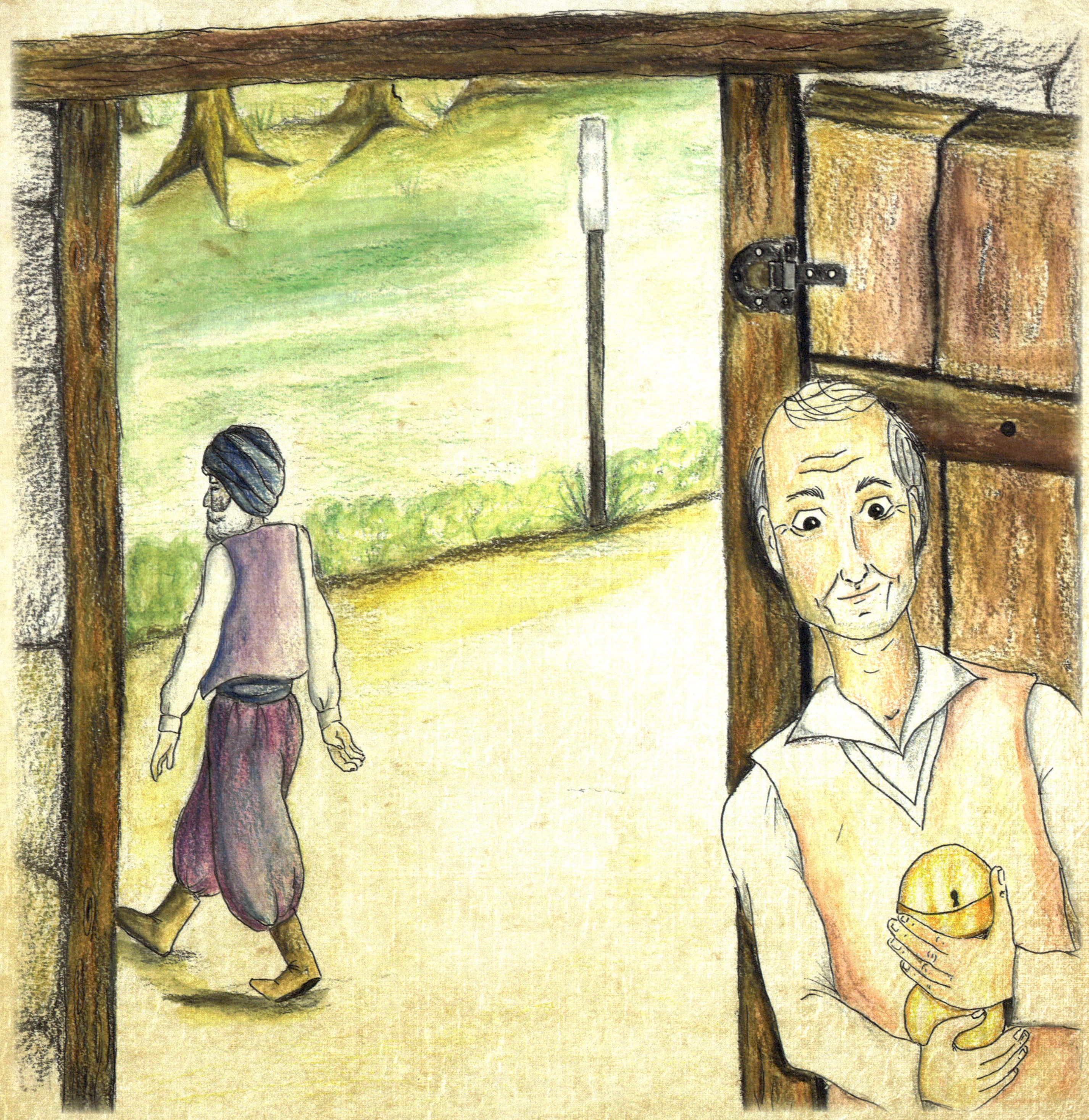

E como se chama esta máquina? — Perguntou Pedro admirado pela linda história que estava ouvindo. Em sua simplicidade, nunca parara para pensar que o tempo verdadeiramente passava e nunca parava.

— Esta máquina que marca o tempo, e que agora é sua, chama-se "relógio".

E foi logo lhe ensinando tudo o que era necessário saber sobre o funcionamento daquela máquina maravilhosa e como fazer para saber acertar a hora com a natureza.

O viajante partiu feliz, certo de que havia cumprido a promessa feita ao velho sábio de sua terra. Pedro ficou maravilhado, pois agora podia ouvir o tempo correr... tique... taque... tique... taque... tique... taque.

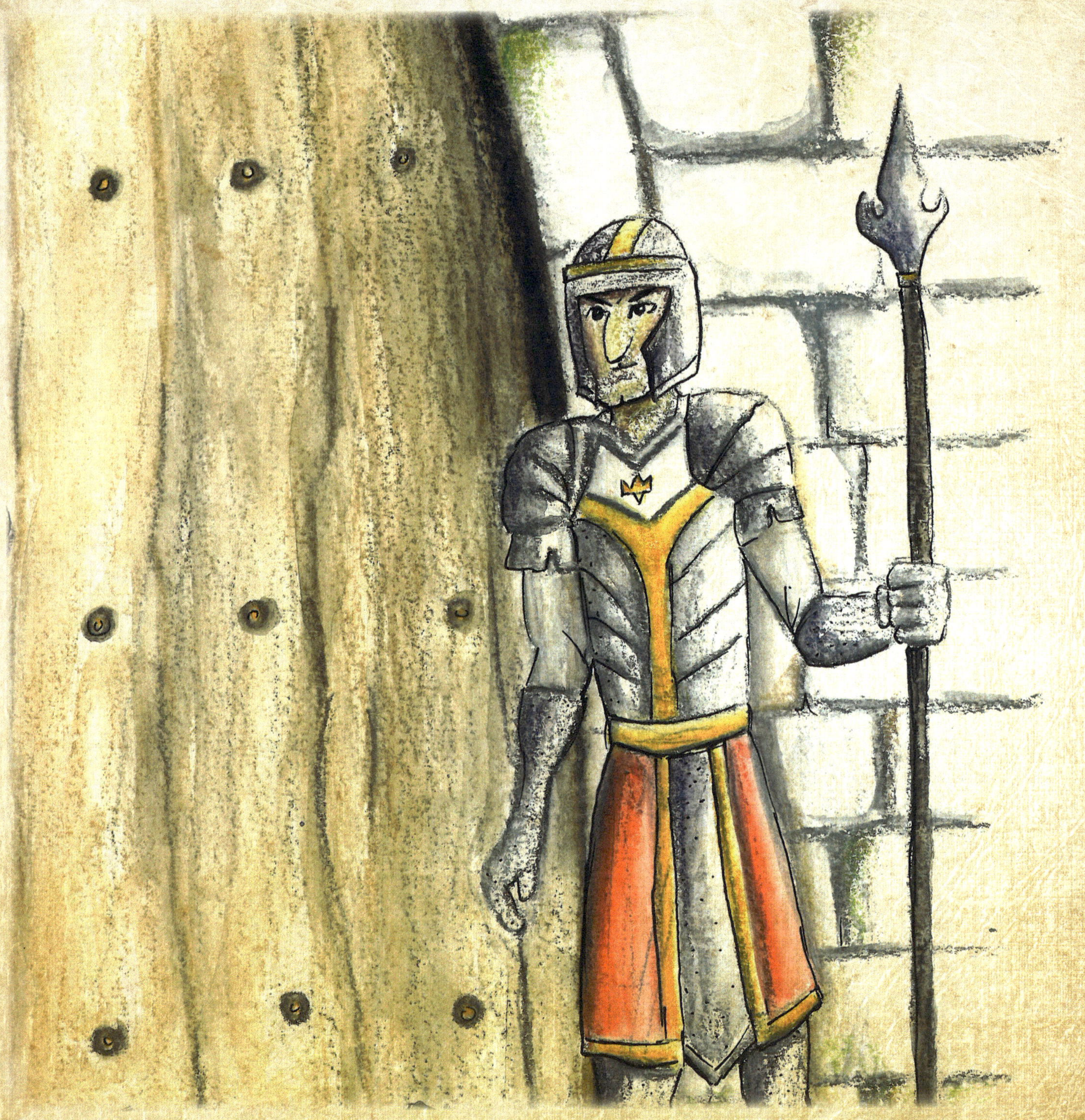

Passado algum tempo, Pedro resolveu levar aquela máquina até o Palácio Real, para que o Rei também pudesse ver, como ele agora via, o tempo passar.

Chegando ao Palácio, com sua simplicidade, foi recebido por um guarda que lhe perguntou:

— Que queres aqui?

— Falar com o Rei — respondeu Pedro, que trazia consigo a velha mala de couro recebida do viajante desconhecido.

— Ora, meu amigo, o Rei é um homem muito ocupado e não tem tempo a perder.

Pedro então disse:

— Como pode o Rei perder o que não vê? Diga-lhe que tenho uma máquina que pode mostrar algo que passa e ninguém vê e que não para, pois nunca deixa de correr.

O soldado procurou o Rei e lhe contou a estranha história daquele homem e sua máquina, que dizia que só o Rei poderia conhecer.

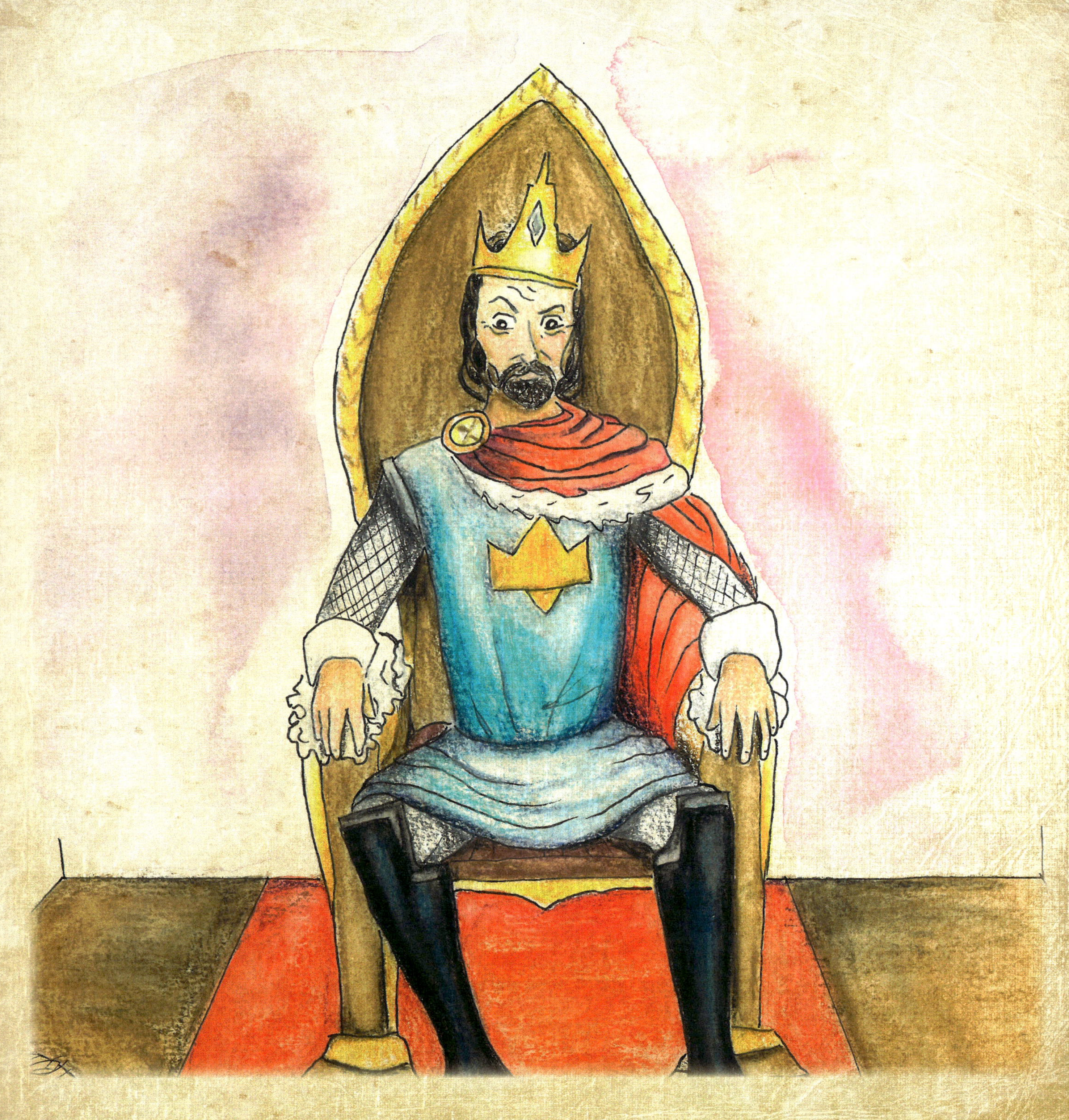

Rei ficou muito curioso e ordenou ao soldado que trouxesse o homem até sua presença, mas antes lhe disse:
— Diga-lhe que, se me fizer perder tempo com tolices, vai se arrepender.

Assim que chegou à presença do Rei, foi logo abrindo a velha mala de couro e de lá tirou o lindo relógio.

O Rei ficou intrigado com aquela máquina que nunca tinha visto. Pedro apressou-se em colocá-la em funcionamento, e logo o tique-taque foi ouvido por todo o salão real.

— O que é isto? Para que serve? — E logo perguntou — Quanto custa?

Pedro lhe disse que era um relógio e que servia para marcar o tempo. A vida, enquanto bem mais precioso, precisa do tempo, nosso segundo maior bem. Portanto não pode ser vendido.

— Existe um segredo para manter a máquina funcionando e este segredo eu recebi de um velho viajante que, viajando por terras distantes, a me deu em confiança.

O Rei não se conformou em não ter o relógio e também não poder ver o tempo passar, e logo achou uma solução.

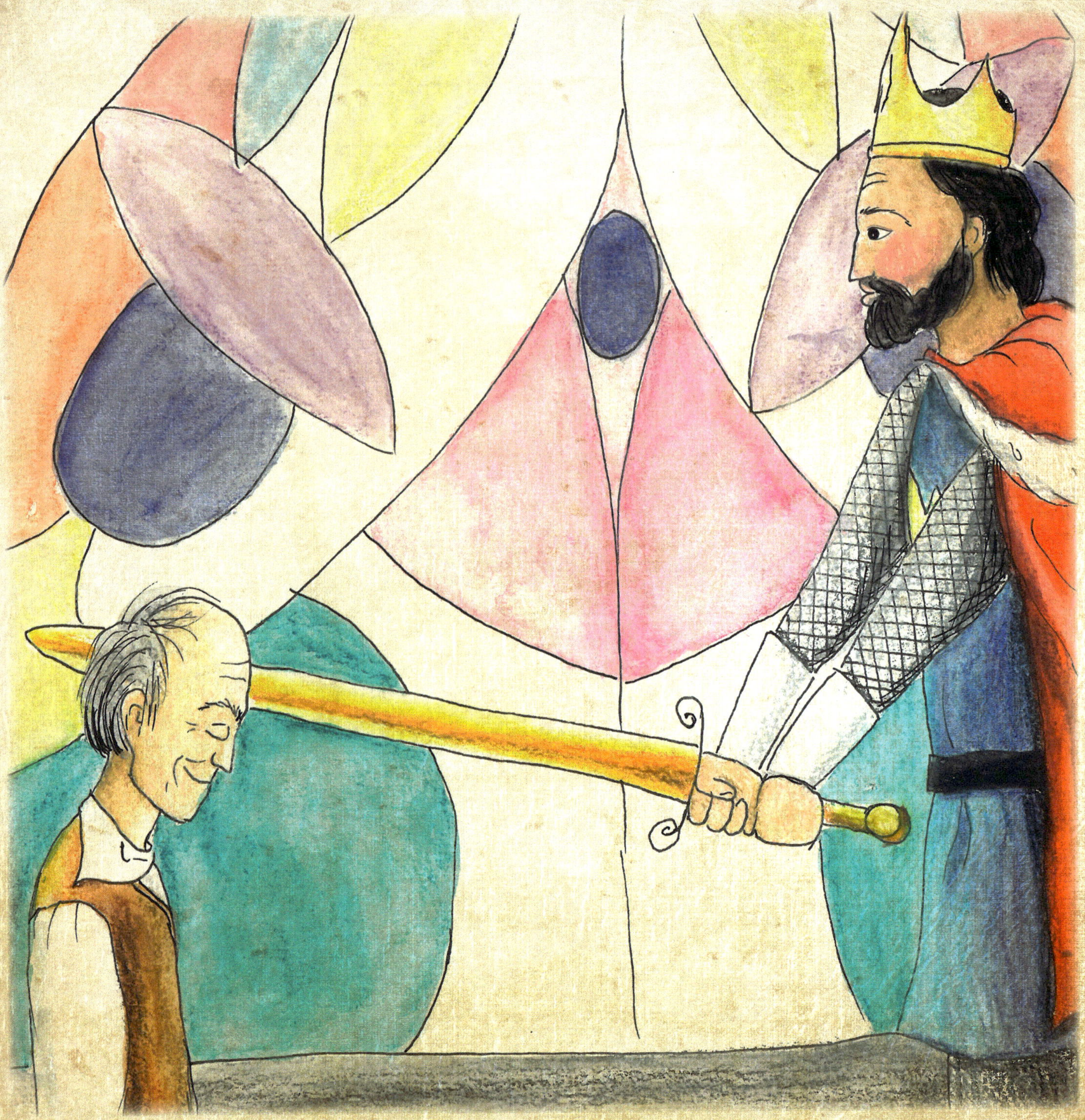

Chamou seu ministro e disse-lhe:
— A partir desta data, Pedro ficará morando no palácio e será nomeado "O Guardião do Tempo", tendo a responsabilidade de manter o relógio em funcionamento para que todos do Reino saibam que o tempo passa e pode ser visto através do relógio que agora é um Relógio Real.

E destinou a Pedro um pequeno quarto nos fundos do Palácio Real.

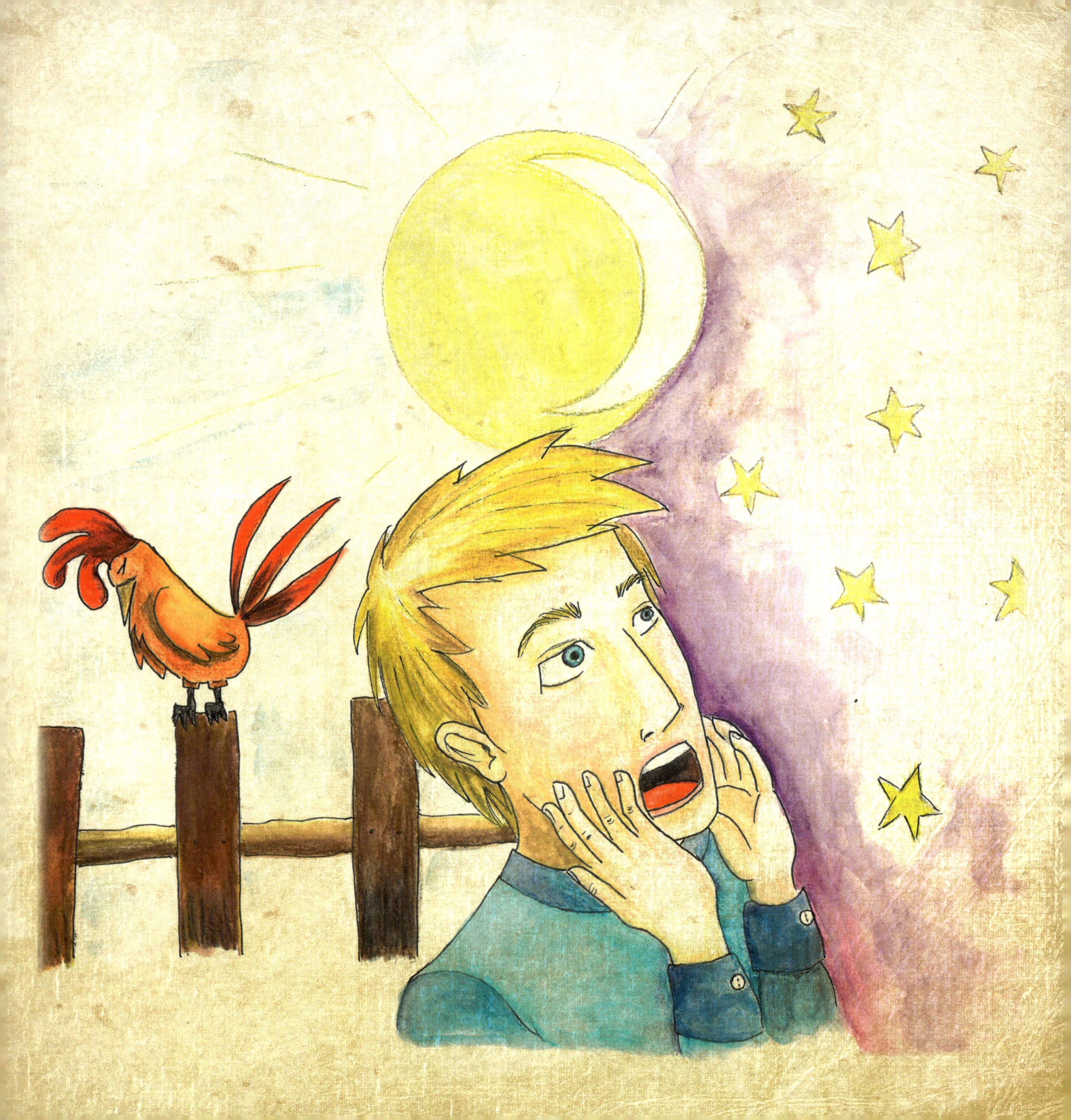

O tempo passava e o Rei agora conseguia ver, ou melhor, ouvir o tempo passar. Sabia quanto faltava para anoitecer, para ver as estrelas brilharem no céu e já não precisava mais do velho galo para saber quanto faltava para o amanhecer e o sol voltar a brilhar.

Criou então a função de "Anunciador Real do Tempo", um homem que, ao ouvir as badaladas do relógio, anunciava as horas para que todos no Reino soubessem o que fazer com o bem mais precioso que tinham à sua disposição.

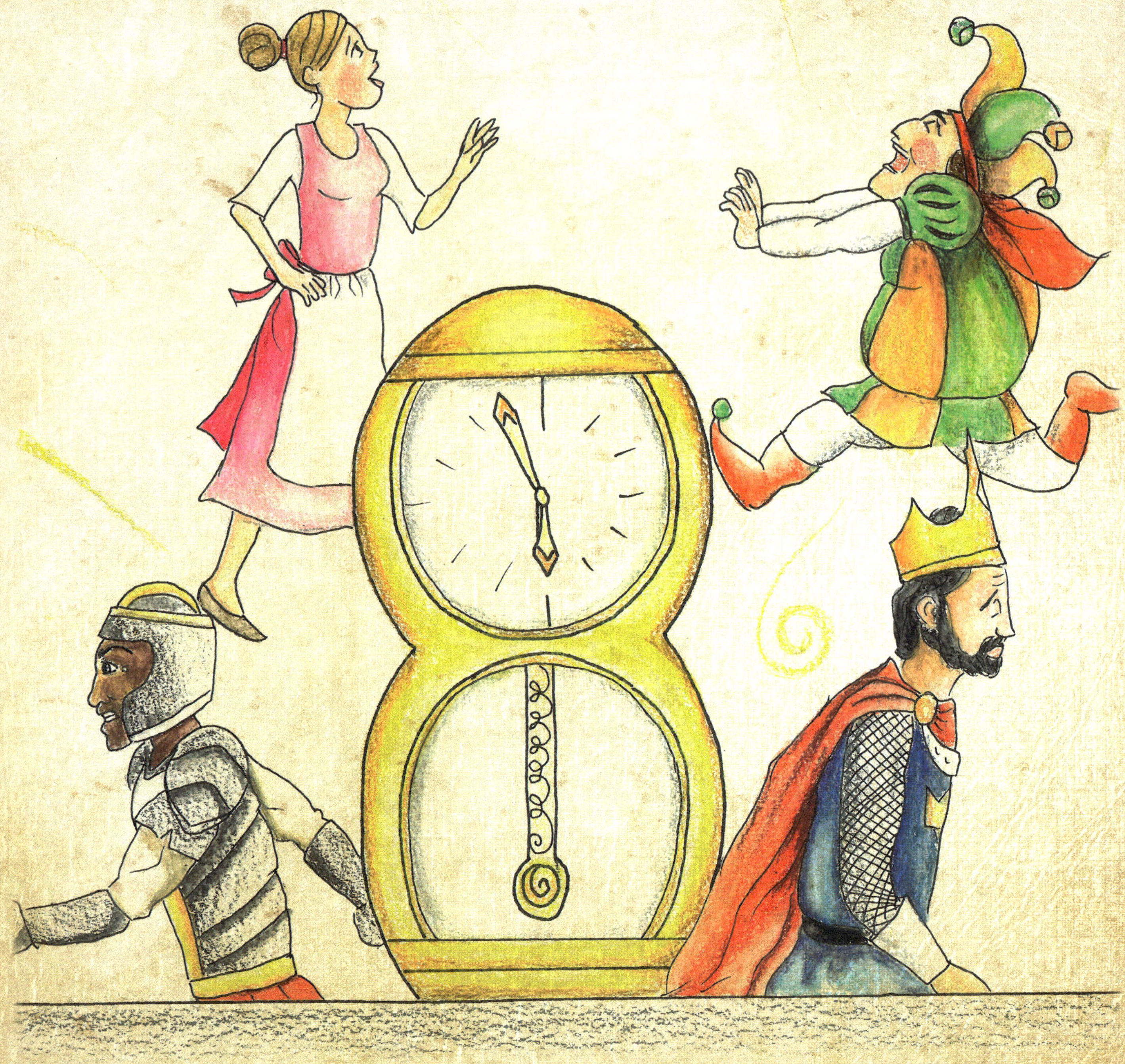

Porém, apesar de o tempo não parar, certo dia o relógio parou. De repente o tique-taque não era mais ouvido. O tempo passava, mas agora ninguém mais o via, nem ouvia passar...

— O tempo parou — gritou o Anunciador Real.

Todos correram para o palácio e o Rei não sabia o que fazer.

— Como o tempo parou? O tempo não para, que horas são? O que devo fazer? Tragam o Guardião do Tempo imediatamente à minha presença.

Todos saíram à procura de Pedro, e de repente chega uma notícia... O Guardião do Tempo havia morrido e com ele morrera também o segredo do relógio.

Ninguém tinha coragem de dar aquela notícia ao Rei. O que seria do Reino a partir daquele dia?

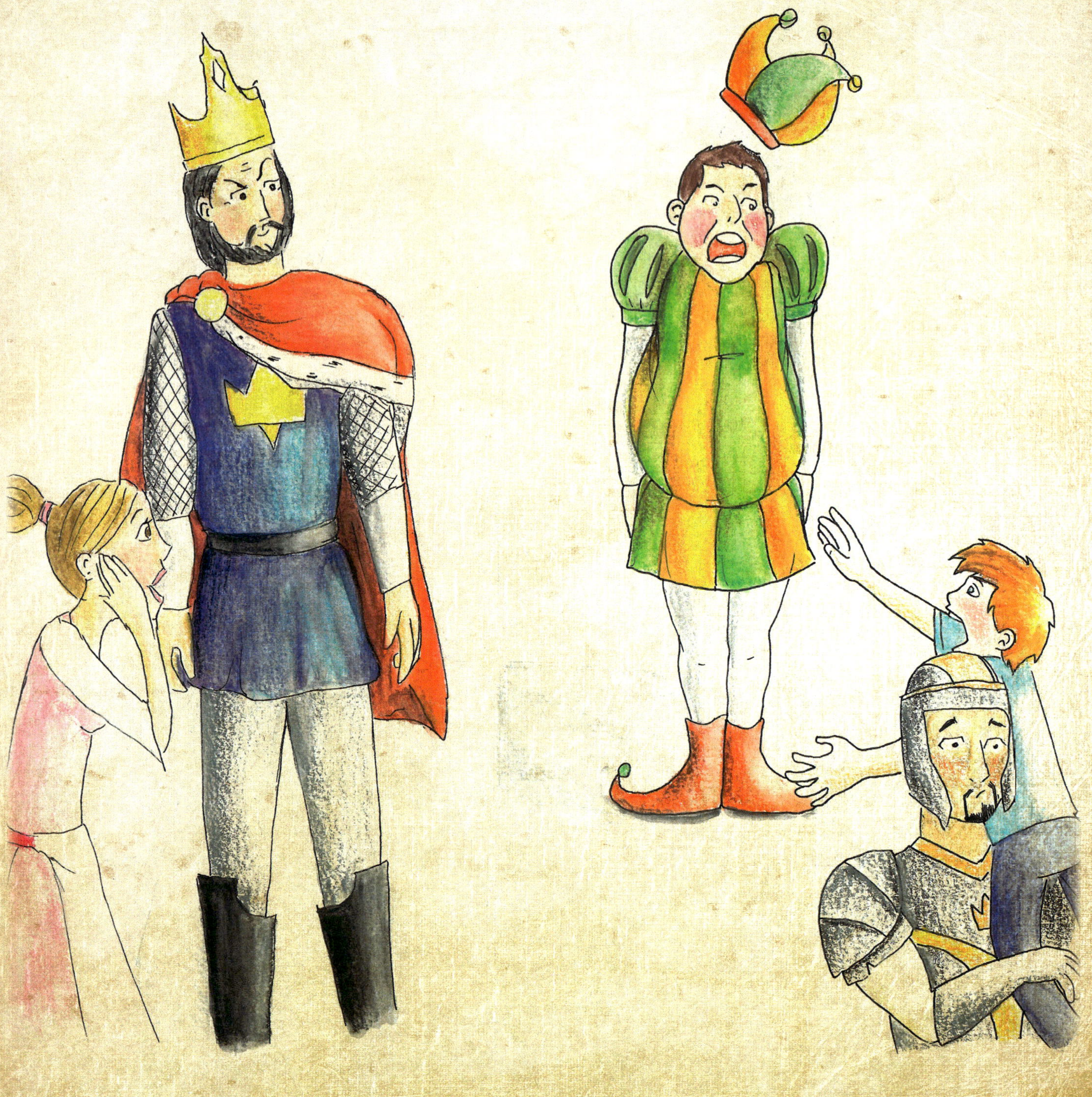

Quando o Rei finalmente soube da notícia, gritou:

— O Guardião do Tempo não poderia morrer sem ter me avisado, o que vou fazer? Como será minha vida daqui para frente? Que horas vou dormir? Que horas vou acordar?

Nesse instante, no meio da confusão, o Rei sente um puxão em seu manto e um garoto lhe diz:

— Majestade!

— Não amole — grita o Rei —, não vê que tenho problemas reais?

— Mas, Majestade! — insistiu o menino.

— Não me amole, não tem "mas" nem meio "mas". Levem este menino embora imediatamente — ordenou o Rei.

Quando os soldados começaram a arrastá-lo pelo meio do salão real, para levá-lo para fora, o menino gritou:

— Eu conheço o segredo do relógio — todos pararam.

— Não fale bobagens, menino. Se eu que sou o Rei não sei, como é que você pode saber? O Guardião do Tempo nunca revelou o segredo para ninguém.

— Pois lhe digo que sei e só à Vossa Majestade posso contar.

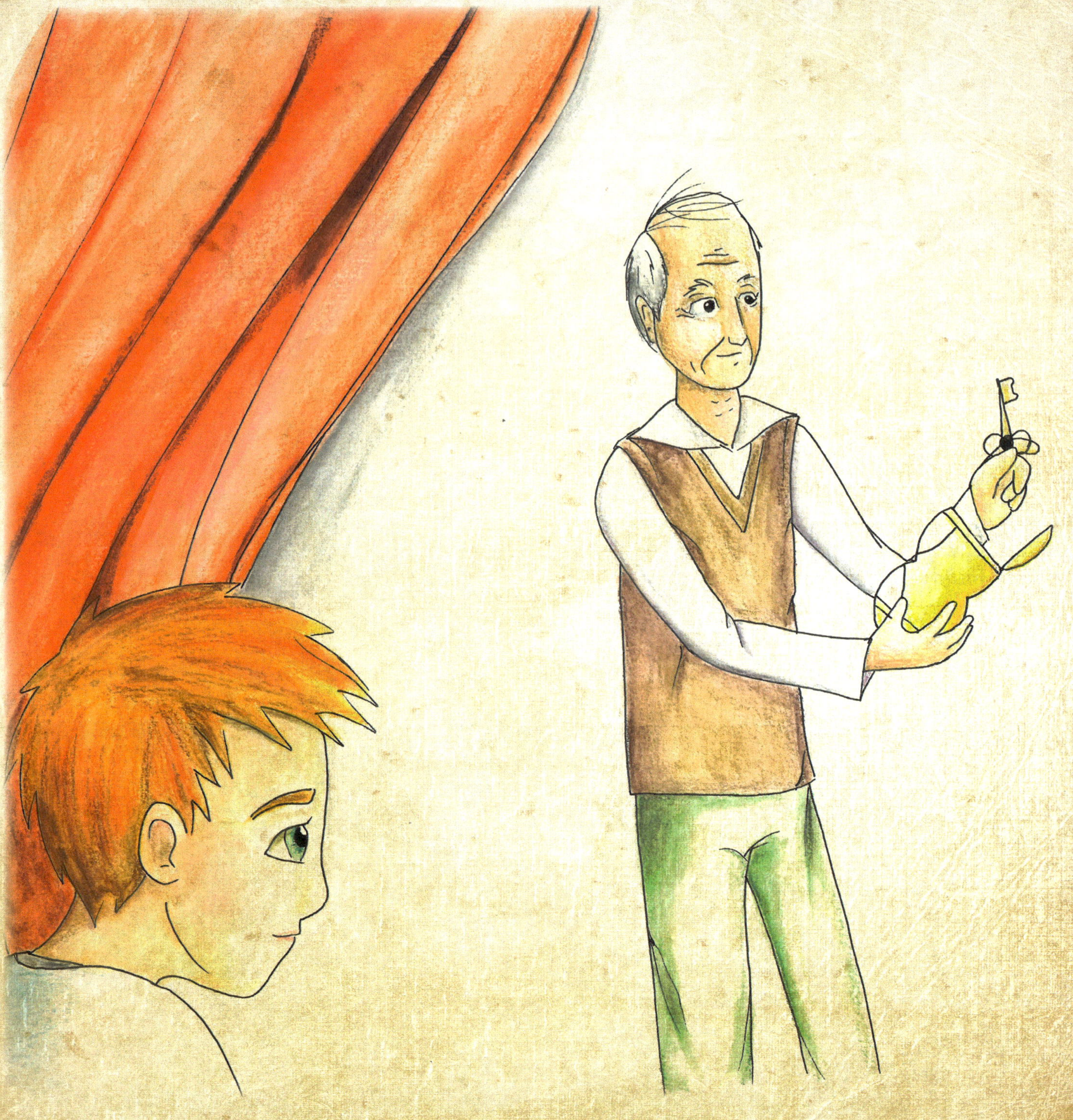

O rei então ordenou:

— Saiam todos! Saiam... Saiam.

O menino olhou para um lado, olhou para o outro, viu que todos haviam saído e só então começou a falar:

— Sempre quis saber o segredo e, uma noite, sem que o Guardião do Tempo percebesse, me escondi atrás das cortinas e o vi abrir a porta debaixo do relógio e retirar uma chave, com duas orelhas enormes. Em seguida abriu a porta de cima e colocou a chave no buraco direito, virando a chave para a esquerda até que ela parasse. Em seguida enfiou a chave no buraco esquerdo, virando a chave para a direita. Olhou para os lados para ver se alguém estava olhando e voltou a guardar a chave na parte de baixo do relógio.

O Rei imediatamente foi até o relógio e lá estava a chave, como o menino falara. Abriu a parte superior e fez tudo o que o menino havia explicado. Depois guardou a chave e deu um leve toque no pêndulo e o tique-taque voltou a ser ouvido.

O Rei gritou:

— Viva, o tempo voltou a passar... Viva. — Mas logo perguntou:

— Como vamos saber que horas são para acertar o relógio?

— Isto eu não sei — disse o menino.

— Que adianta ter um relógio se não soubermos que horas são, estou perdido. — E começou a chorar...

O menino ficou assustado, pois não imaginava que os reis pudessem chorar. Mas o Rei parou e disse:

— Já sei, vou chamar o Sábio Real; ele deve ter a resposta.

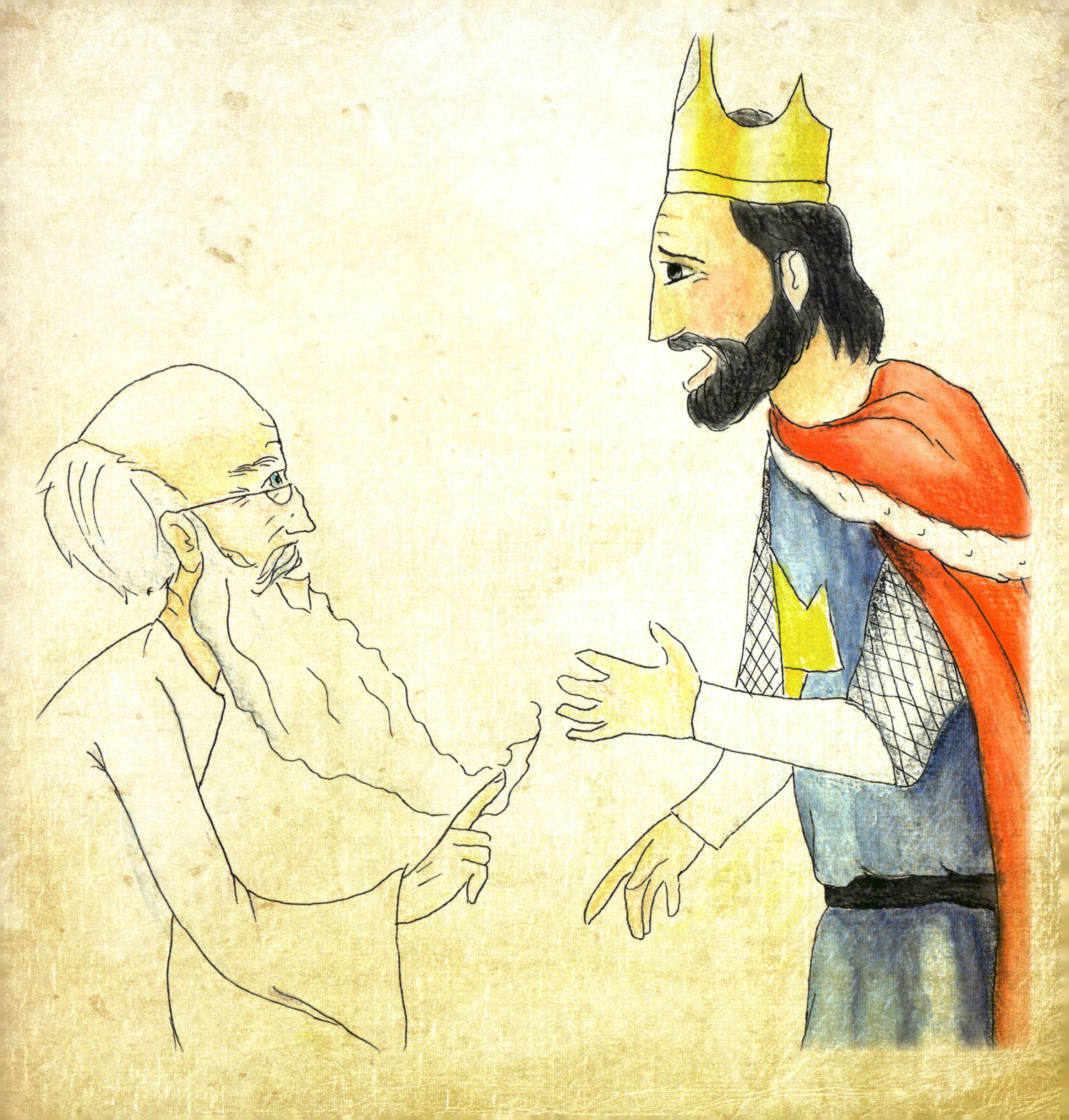

O Sábio foi chamado e veio imediatamente. O Rei lhe contou seu problema, o Sábio ouviu atentamente e disse:
— Mas é fácil. Basta perguntar a Deus e ele responderá a hora exata... Amanhã cedo virei ao palácio e perguntarei a Deus.

Virou as costas e foi-se embora, sem mais nada falar.

O Rei pensou: "Estou perdido! O Sábio enlouqueceu; ele está brincando, só pode ser isso... estou perdido! Imagine 'perguntar a Deus' que horas são???? Eu é que vou enlouquecer".

Naquela noite, o Rei não conseguiu dormir.

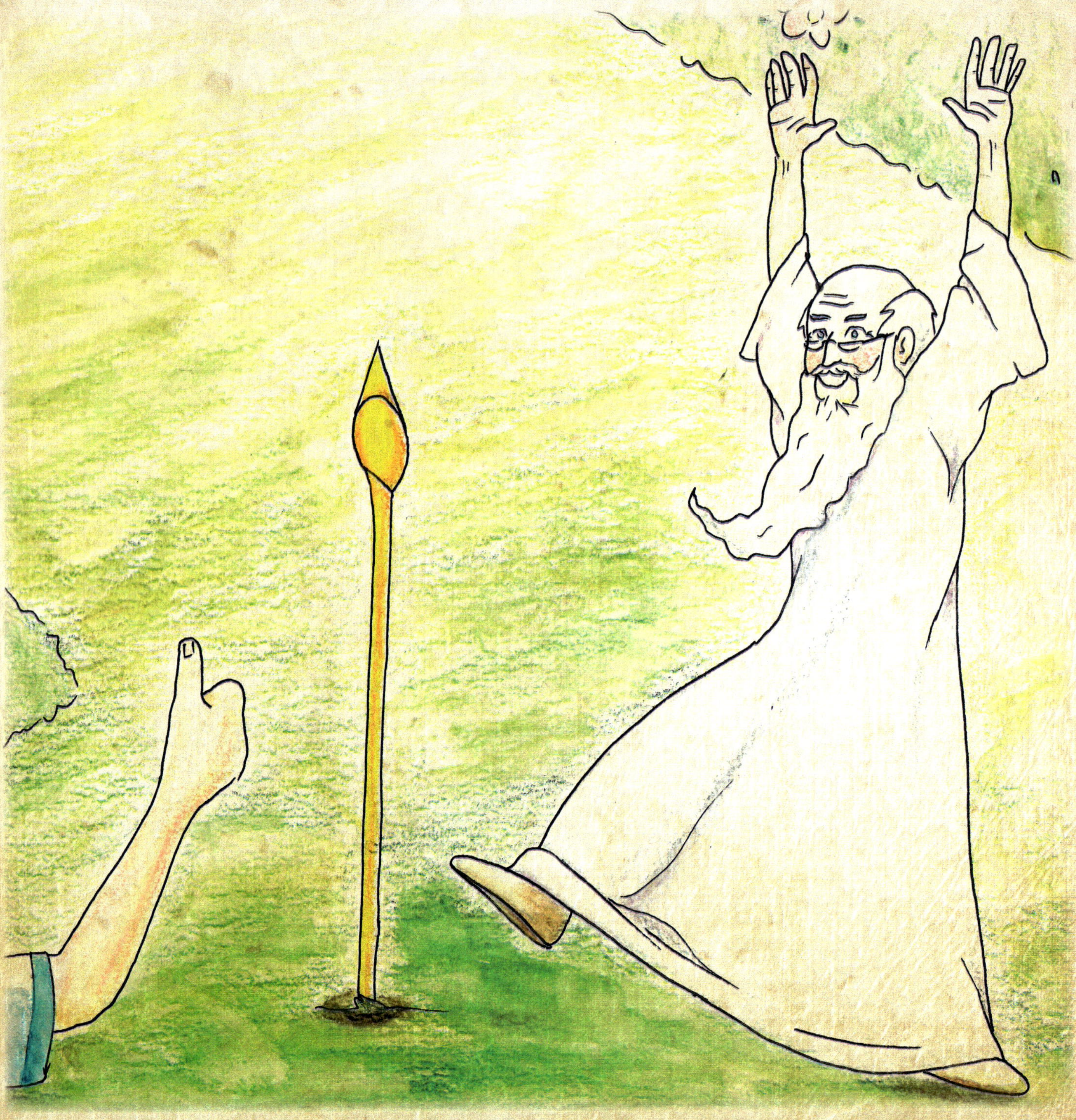

Pela manhã, o Sábio aparece no palácio todo feliz e cantando. O Rei teve certeza e pensou: "Ele enlouqueceu, que Deus nos ajude!".

O Sábio então chamou o menino e lhe disse:

— Coloque os dois ponteiros do relógio em cima do número 12 e fique na janela, pois assim que Deus me responder eu levantarei o braço e você fará movimentar o pêndulo do relógio.

Virou-se para o Rei e disse sorrindo:

— Como vou falar com Deus, preciso de seu cetro real.

"Meu Deus, estou perdido. Ele enlouqueceu mesmo, mas não tenho outra saída" — pensou o Rei.

— Aqui está. — Entregou o cetro ao Sábio, que saiu para o Jardim Real, cantarolando uma velha canção. Procurou um local sem árvores e fincou o cetro na terra, bem no meio do jardim e bem na vertical. Ficou sentado ao lado esperando, olhando atentamente para o cetro real. De repente, levantou-se, olhou para a janela onde estava o menino e ergueu os dois braços.

O menino correu até o relógio, acionou o pêndulo e o relógio bateu, alto e claro, 12 badaladas... O Rei ficou super feliz, mas ficou pensando: "Como vou saber se o Sábio não está louco e se é realmente meio-dia?".

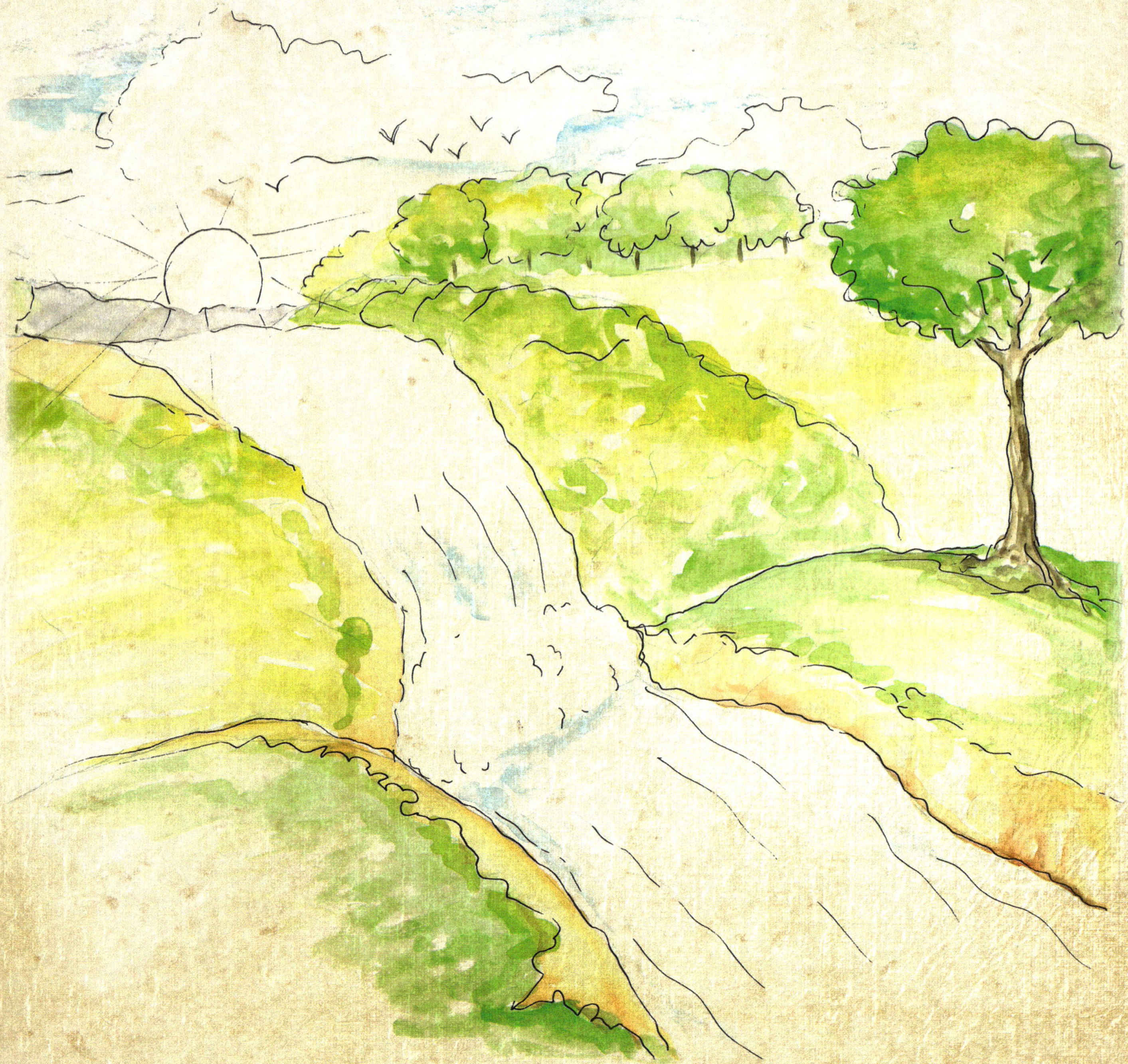

O Sábio trouxe o cetro real para o Rei, que logo lhe perguntou:

— Que história é essa de falar com Deus? Será que você não enlouqueceu? Será que o relógio está marcando a hora exata?

— Majestade, eu não enlouqueci. Nós podemos falar com Deus por meio da natureza. O sol é um relógio perfeito; coloquei o cetro em pé, no meio do jardim bem na vertical e fiquei esperando a sombra projetada pelo cetro desaparecer. Quando isto aconteceu, tive certeza que era meio-dia e ergui os braços.

"Sábio é todo aquele que percebe que faz parte da natureza, sem querer ser o dono dela, e aprende a observá-la. Quando você ouve o canto do passarinho, o barulho do mar, do rio, da cachoeira, quando você percebe a beleza da flor, é Deus conversando com você. Isto não é ser louco, é ser Sábio. Há coisas que, mesmo sem ver, podemos sentir."

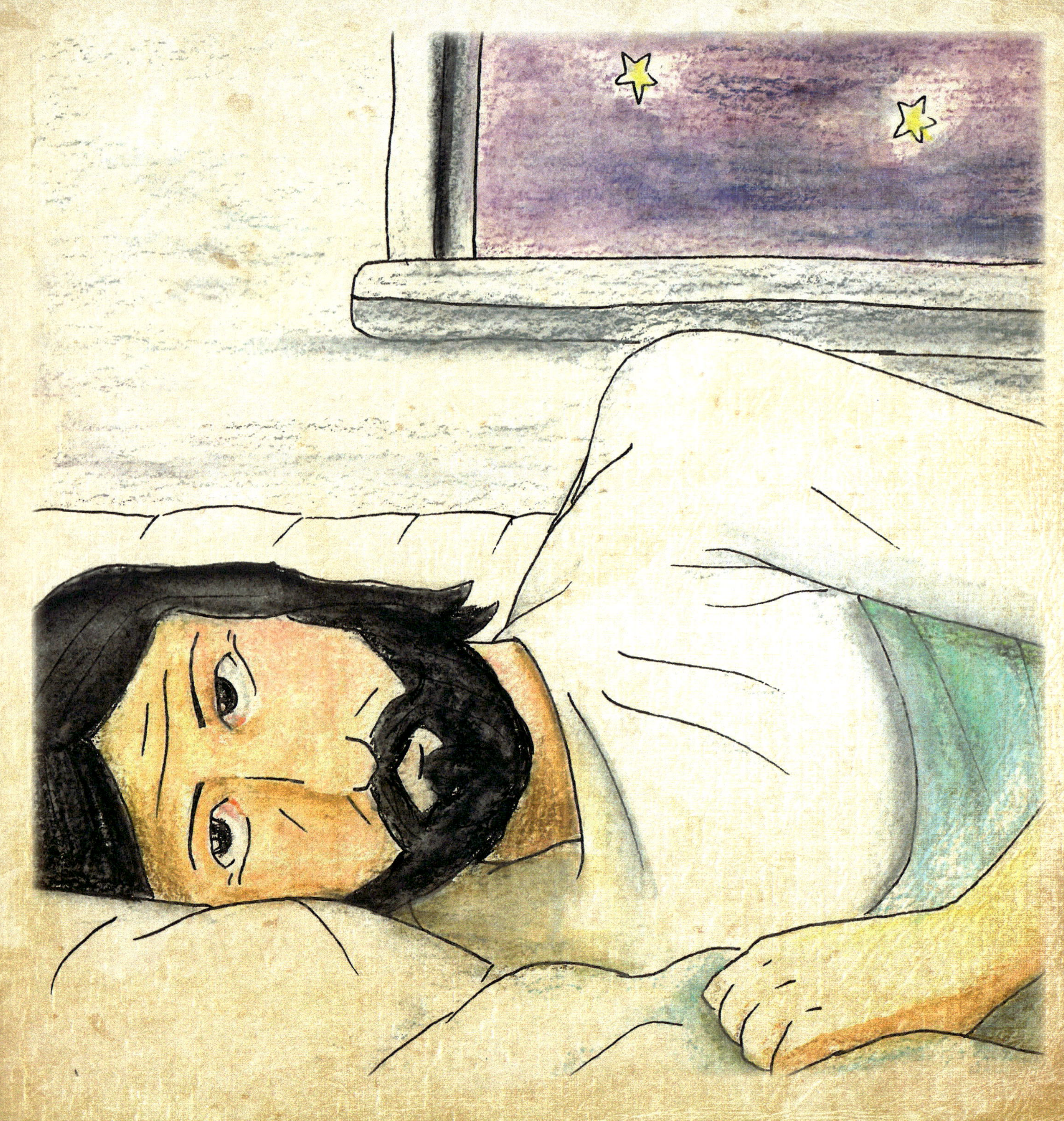

Naquela noite, antes de dormir, o Rei resolveu avaliar o que estava fazendo com o tempo, por meio de seus atos, e concluiu que dera pouca atenção a Pedro, que lhe havia trazido uma máquina tão maravilhosa.

Em um primeiro momento, não levou em consideração o menino que, em sua curiosidade, fez com que a "máquina que marcava o tempo" voltasse a funcionar. Decidiu então que prestaria mais atenção ao que as crianças tinham para dizer.

Pensou muito nos ensinamentos do Sábio e percebeu que, por mais poderoso que fosse, sempre teria algo para aprender. Ele aprendera muito em tão pouco tempo. O tempo o estava transformando em uma pessoa melhor.

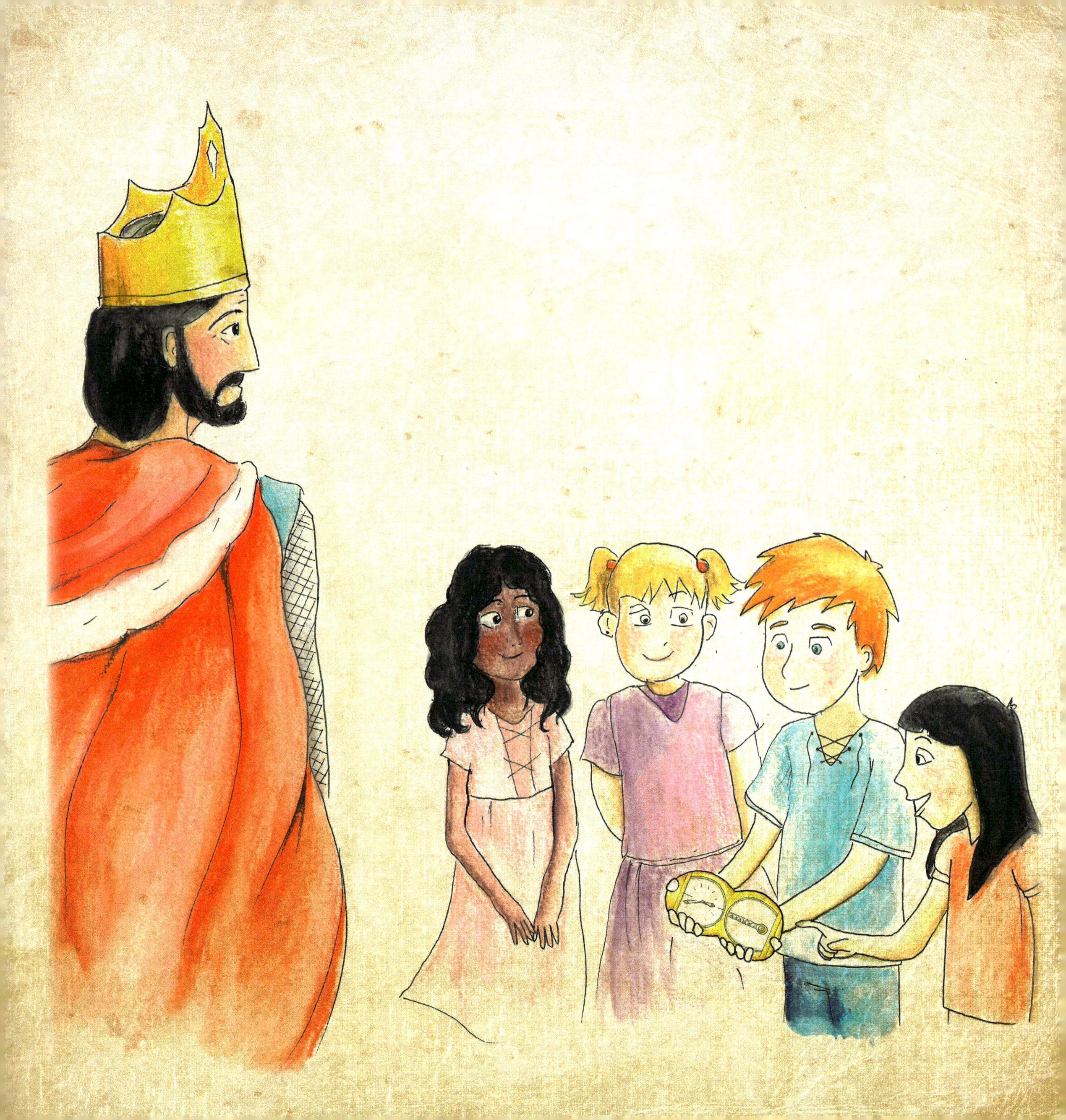

O Rei, ao despertar, estava tão feliz que resolveu dar uma grande festa para a população, que chamou de Baile das Horas. Mas, antes disso, determinou que, a partir daquele dia, o menino fosse o novo Guardião do Tempo, com a função de manter o relógio funcionando e nomeou três meninas do Reino para que fossem "Guardiãs do Relógio", pois assim, com quatro pessoas conhecendo o segredo do relógio, o tempo nunca mais passaria sem ser percebido e as crianças aprenderiam muito cedo o valor do tempo em nossas vidas.

E assim a máquina foi copiada e hoje todos podem ver o tempo passar e dar-lhe o devido valor.

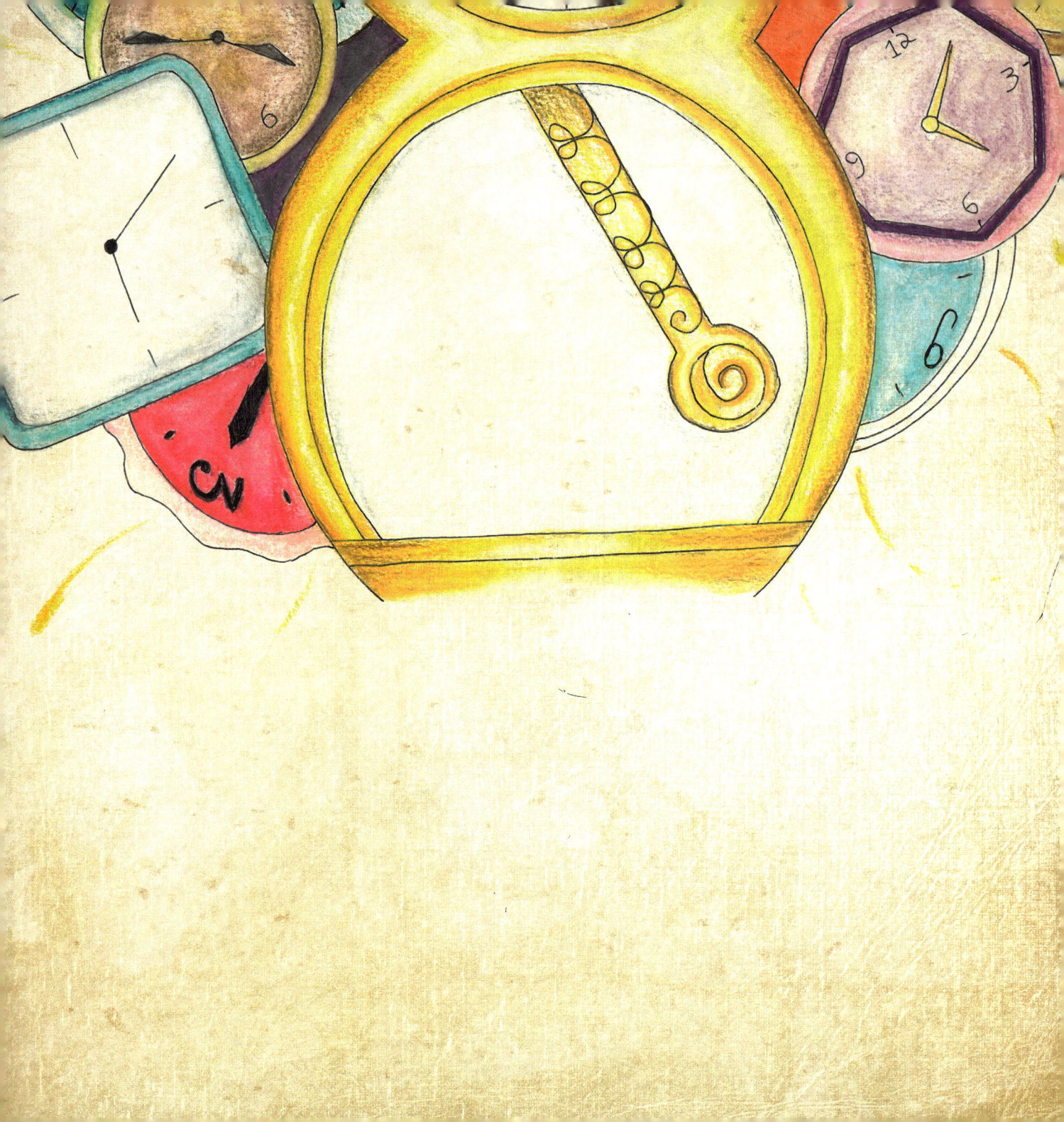

Fim

Conselho Editorial:
Antonio Cesar Perri de Carvalho — Presidente

Coordenação Editorial:
Geraldo Campetti Sobrinho

Produção Editorial:
Rosiane Dias Rodrigues

Revisão:
Ana Luiza de Jesus Miranda
Elizabete de Jesus Moreira

Capa, Projeto Gráfico e Diagramação:
João Guilherme Andery Tayer

Ilustrações:
Gustavo Pedrosa de Brito
(Oficina de Arte)

Normalização Técnica:
Biblioteca de Obras Raras e Documentos Patrimoniais do Livro

Edição	Impressão	Ano	Tiragem	Formato
1	1	2014	1.000	21x21
1	2	2014	1.000	21x21

Esta edição foi impressa pela Lis Gráfica e Editora Ltda., Bonsucesso, SP, com tiragem de 1 mil exemplares, todos em formato fechado de 210 x 210 mm. Os papéis utilizados foram o Papel Couché Brilho 115 g/m² para o miolo e o cartão Supremo 300 g/m² para a capa. O texto principal foi composto em fonte Valentina 16/20.